BLUETTE

Jean-Baptiste POLTURAT

BLUETTE

Édition : BoD – Books on Demand, info@bod.fr
Impression : BoD – Books on Demand, In de Tarpen 42, Norderstedt
(Allemagne)

ISBN : 978-2-3224-8671-7
Dépôt légal : Juillet 2023

« *Hâte-toi de bien vivre et songe que chaque jour est à lui seul une vie* ».

Sénèque

À ma famille,
La bonne fortune m'a gratifié
d'une vie à vos côtés.

Bitume amer.
Béton armé.
Boucan hébétant.
Air vicié.
Amphigouri.
Neurotisme,
névrotisme,
neuroticisme.
Gabegies d'hippocampe,
ersatz d'existence,
début de démence,
fragment d'âme en errance.

Impact diligent d'os frontal
sur arrête nasale.
Craquement sale,
borborygmes dégoûtants.
Me voilà à nouveau réduit
à une condition d'animal
amoral
et moucheté de sang.

Replis dans la Verte.
Recours aux forêts.
Là où le temps ne s'apprivoise pas
et où l'on réapprend les qualités du cœur.
Ainsi,
Sous une absidiole de ronces et de feuilles,
je prends refuge, terré dans mon terrier.

À la périphérie
de la périphérie,
Il y a des essarts.
Des coupes-rases.
Des troncs débités.
Des branches en échardes.
Il y a une souche inamovible
et ses racines profondes
qui crèvent.
Il y a aussi le campagnard,
agriculteur ou forestier,
ce nouveau serf qu'on accable de famine.
Il subit, fulmine et résiste,
terré dans son village,
triste fief rance.

Il y a mon chez-moi.

J'enjambe les restes
d'un nemeton gaulois
réduit à des pierres détrempées.
Cadavre de Nérios.
Longe une voie romaine.
Trous de blaireaux, de renards
et vestiges d'un fanum.
Dans un bosquet voisin,
présence d'un calvaire.
Naïf, rustique, tapi de mousse.
Dressé là,
puis délaissé par le peuple des brebis.
C'est désormais un refuge pour petites vies.
Je louvoie sur un chemin de traverse,
quitte les frondaisons,
franchis un fossé.

Découvre une artère de bitume.

Elle inocule son poison effrontément.
Un poison qui tape les tempes comme
une danse de derviche.
Un poison qui pique les membres,
un poison qui cloue le rachis,
un poison qui brouille le sang.

Atmosphère abyssale,
comme gravée à l'eau-forte.

Grandes bouffées de vide.

Narines glacées.

Cristaux de givre aux poumons.

Nerf trijumeau à l'agonie.

Tendresse d'une nuit hiémale
pour une âme usée.

Vibrion féroce, hyrcanien.
Bellicisme de hussard.
Ignivome et fulminant.

Panaches de vapeurs soufrées
et retombées en milliers de scories.

Tout brûle autour de moi.
Flammes et fièvres.

Du Divin,
un peu de pluie.
Des cendres,
l'absolution.

Je l'aime bien,
ce vieux qui ressemble à un cagot.

Un ostracisé,
Du prurit plein la peau.
Le visage motoculté,
paluches stakhanovistes
et bottes en plastique.

Sous son béret,
l'oligophrénie côtoie
des savoirs empiriques.

Après le vin,
il fomente des jacqueries,
seule panacée
pour son pays abîmé.

Je l'aime bien, ce vieux.

Conseil aux sociétés linnéennes,
vulgarisatrices des sagesses d'ici,
connaissances immémoriales
des paysans et coureurs de collines.

N'omettez point de transcrire
aux gens des avenues,
le chant du gallus gallus,
des Matines aux Laudes,
le braiment de l'equus asinus
et l'âcreté des bouses
de Bos taurus linnaeus.

Pour nous autres, gages de tranquillité.

Impressionnisme en nuances de bleu.
Rudoiements maïeutiques.
Tannage de ma peau d'atrabilaire
en un cuir de vertus.

Purgeant l'acrimonie de mon sang,
je confronte l'ennemi intérieur
et forge l'acumen de mon être.

De mes bosses, coupures et os brisés,
présents sincères,
m'initie aux arcanes de l'abnégation.

Éteindre la foucade.
Harasser la chair.
Chasser l'asthénie.
Ignir l'ego.
Taire la logorrhée.

Toute l'esthétique de l'effort
dans une marche prométhéenne.

Me fait sourire
le chant aigu et puissant
de ce compteur d'écus
de passereau.
« *Chiff-chaff* »,
« *Chiff-chaff* ».

Ses sept grammes,
tout en plumes,
me sifflent la promesse du bonheur.

Gratitude aux
volcanismes du Dévonien,
promoteurs de luttes primales.

Stigmates de combats.
Bosses, coupures
et veines grandes ouvertes
pissant le gneiss et le tuf.

Les lignes de crêtes cicatricielles
s'offrent en un terrain de jeu fantastique
pour mon âme cabocharde.

J'active muscles, tendons et volonté.
Me charge uniquement
de ce que mes os tolèrent.
Me déleste de mes peurs.
Bénis le chemin de terre
qui s'ouvre devant moi.
Habitude de pérégrin.

Promenade champêtre
parmi les icônes beaujolaises,
flavescentes et lumineuses.

Nouvellement peuplées
par les nantis de la confluence,
elles toisent depuis leurs mottes
les enfants d'ici, poussés au loin.

Trépanation économique pour oublier
les modestes aux auges creuses,
qui arrachaient leurs doigts
sur les calcaires des carrières,
entre vendanges et travaux de ferme.

Incartade simple et sapide.
Petite pimprenelle et lamier blanc.
Salade de mouron des oiseaux,
cynorhodons acidulés,
et cirse des champs.
Des épines de pin finement hachées
complètent un quignon de bâtard
et des bouchons de chèvre.

Tout près, bruit de torrent bouillonnant.
Le petit cadavre d'une truite Fario,
dévalant le lit de la rivière,
heurtant les roches,
me gratifie d'une leçon.

Seul un poisson mort suit le courant.

Lunes et soleils,
nuits stellées d'étincelles.
Ciel d'azur,
stratus, nimbus et cirrus,
grêles, foudres,
averses ou coups de vent.

Je considère que tout oracles qu'ils sont,
désormais,
tous ne seront prodigues
que de bons présages.

Dévotion de bigot.
Mouvement juste et concis.
Génuflexion devant une marguerite.

Mâchonnant mes *feuilles d'herbe,*
dont la chlorophylle melliflue
a un goût de révolte ;
j'enjambe les barbelés
fais fi des bornes, des lois,
des obligations.
Et me risque à vivre.
Libre.

Sur un coussin de sphaigne,
à l'abri des fougères,
gisent de sauvages reliques.

Massacre d'un cervidé,
et, çà et là,
humérus et scapula
nettoyés par les fourmis
et blanchis par les éléments.

Y aura-t-il une bête noire vengeresse
qui, de son boutoir fervent,
saura briser quelques fémurs et tibias
de nos Dianes bancroches et bedonnantes ?

Ce châtiment serait juste pour avoir troqué
la flèche méritante contre le plomb squalide.

Combien de layons, pistes
Et paysages
préservèrent leurs secrets
De mes foulées voraces ?

Leur infinitude m'apparaît
 gage de renaissances.

Je me régale du vent,
porteur de quelques notes
de romantisme champêtre.

Une mazurka sensuelle de Chopin.
A mineur, opus 68, numéro 2,
partagée par quelque mélomane
d'un bourg voisin.

Des claquements secs d'un douze,
faisant baisser les têtes et
remplissant les panses.

Du ronron paisible
d'un tracteur andainant les foins.

Dehors,
D'innombrables pas,
Organisent le corps
et dissolvent l'ego.

Espérer l'ataraxie
d'un bodhisattva.

Quittant les vignes sur l'adret
et un envol de faisan,
je brousse le sous-bois,
longe le ru,
muet.
Mon poids sur l'avant de mes pieds,
je m'espère suffisamment discret
pour apercevoir garennes et brocards.

Sur l'ubac,
aigue grouillante d'alevins,
myriade de libellules
et,
là où prolifèrent des vivaces chamarrées,
une foisonnance d'abeilles.

Je décélérerai en ce lieu,
à rebours du modernisme,
et me dépouillerai,
flirtant avec la vacuité.

Ne dit on pas qu'une aventure
sans frôler quelques calamités
est dénuée de toute superbe ?

À l'heure du loup,
les lavandières ne hantent plus leur lavoir.
Plus de brosse, de savon
ou de carrosse.
Même la résonance
de leurs frappes répétées
sur des linges éthérés
est couverte par le coassement
des grenouilles.
Tout fout le camp.

Les endettés de la politique agricole,
visages cramoisis par une narcose d'alcool
et l'effet de la pendaison,
se balancent dans leurs cerisiers,
telles de grosses burlats trop mûres.
Fruits morbides des vergers.

D'autres préfèrent avoir
le visage emporté,
les os du crâne soufflés,
comme les akènes à aigrettes des pissenlits,
dispersés en gerbe, au vent
ou sur les murs en pisé de leur cuisine.

Aux fermes vides, les cimetières pleins.

Nuit chaude d'été,
excès de picrate
et rêve en patois.

Couchi su l'arba,
Sot lez etèle,
a l'ouriou de l'oran,
j'atind l'picota dou jor[1].

---

1 Couché sur l'herbe, sous les étoiles,
à l'abri du vent, j'attends l'aube.

Instant géorgique
où les mains cloquent,
les épaulent cèdent,
les dos se tordent
et les sourires se répondent.

Composition érotique
pour toile de maître.
Supplice d'apprenti ascète.
Fin des moissons.
Callipyge nymphe,
Peau diaphane,
tissu de lin écru.
Insolente beauté.
Indolente posture.
Des boucles de jais ralliées au vent.

La faute rougit mon visage.

L'oasis en pierre sèche,
écrasée par une bâtière de tuiles,
m'expose le panégyrique
de sa fraîcheur antalgique.
Véritable aubaine,
car le soleil se veut prosélyte
et la fournaise accable le vignoble.

Des pholques m'accueillent avec mansuétude.

Pour seules consignes :
peu de mouvement,
pas de parole.

Des ceps couvrent la colline,
croulant sous la masse
des grains grenat et rubiconds.
Une bâtisse immense, dorée.
Des enjambeurs ultramodernes,
Des cuves rutilantes.

Le chien de l'exploitant,
allure misérable,
un tonneau pour niche
tranche par son existence.

Me voyant envieux,
Il me jappe que le nécessaire coûte peu,
et le superflu coûte cher.

Visite impromptue.
C'est aimable,
charmant,
mais j'espère qu'ils ne resteront pas.

Infuse en moi l'âme de Purcell ;
héritage de thaumaturge ;
dont je partage le plus doux des choix.

Lénifié tout comme lui
par lieux consacrés à la nuit,
éloignés du monde et du bruit.

Résonne ainsi en moi
ses magies noires et blanches,
ses clefs, croches et nuances.

Attention pro domo.

Fluxion du sang.

Gargouillis des viscères.

Grincements de cartilage.

Souffle en va-et-vient.

Froissements du sac à viande.

Pétillements de l'averse sur le polyéthylène.

Grattements d'évasion d'un insecte.

Claquements des trombes sur les feuillus.

Chants d'oiseaux.

Rumeurs montantes du village.

Hurlement de cabots.

Refluement.

C'est un faix, que les souvenirs,
car la mort embrasse le passé.

C'est un faix que l'espoir,
car la mort embrasse le futur.

C'est un fait
qu'une thébaïde ne s'atteint
qu'au présent.

Automne,
saison excellente
pour porter une entière attention
aux effluves capiteux
des futaies.

Partout sont portés par des nappes de brume,
les parfums de l'humus, des champignons,
des feuilles, des épines et des flaques.

Le long de ce pré
où les ronces ourlaient
presque autant que ses lèvres,
la moindre de ses exhalaisons
prenait des airs de bourrasque.
Tempêtes d'émotions m'obligeant
à m'arrimer aux barbelés.

Le ciel gronde d'un ton comminatoire.
Souffle grinçant les branches.
Éole et Pan intiment l'heure de partir.
Du fugace, de l'éphémère,
j'apprends.

J'apprends
que l'on doit rendre ce que l'on a reçu,
tel qu'il fut confié
et qu'il faut être reconnaissant
pour le temps permis.

Je quitte la Verte, sauvage,
avec gratitude.

Je me souviens
des ormes, des aulnes et des trembles.
De la compagnie des Leshys et des freux.
Des trémolos d'une balalaïka vibrant la brume pressant le
myocarde, arrachant les larmes.

Et quand, aujourd'hui, je m'imprègne des récits des
Karamavoz, Boulba et Karénine,
ils me dictent tels des oukases
la puissance de la patience et du temps.
Ils me rappellent également
mes souffles et mes cendres,
dispersés autrefois,
le long des grèves de Carélie.

Invoquer mon enfance.

Honorer
la tempérance
de mon père,
la bienveillance
de ma mère
et leur amour brut.

Me nourrir de cela,
avec gratitude
et ne pas trahir l'enfant que j'étais.

Aucun atavisme, ne m'en voulez pas.

Seulement être impavide,
avec l'eudémonisme en doctrine
et ne pas trahir l'homme en devenir.

Germination au cœur
de l'immaculé et du marmoréen.

Un bourgeon d'hellébore
frémit sa pulsion nivéale.

Ses pétales d'or se détachent
 au souffle du vent.

Superflu proscrit.
Minimum requis.

Porter en vade-mecum
la voie de l'eudaimonia
et me substituer à Lucilius.

Avec la ferveur juste
Et l'absence de passion.

Face glacée par le vent d'hiver,
corps brûlant dans un sac de plumes,
Esprit erratique.

Moment hypnagogique,
entouré des volutes colorées
de lapis-lazuli et de malachites.
Exploration des grottes de Kizil,
et de leurs murs,
couverts des contes de Jataka.

Je ne me fourvoie plus,
et, à la croisée des chemins,
m'engage sur celui du milieu.

Acmé.
Dans le sillon des Illustres
Arpenter les huit sentiers
Entre l'insulaire Kition
Et la vertigineuse Lhassa
En une errance obvie.